BIBLIOTHÈQUE
DE LA MAITRESSE DE MAISON

LE LIVRE
DE LA DANSE
DES SALONS

PARIS
CH. PLOCHE, LIBRAIRE-ÉDITEUR
5, place de la Bourse, 5.

Paris.—Imprimerie Bonaventure et Ducessois,
55, quai des Augustins.

LE LIVRE
DE LA DANSE

PAR

EUGÈNE WŒSTYN

D'après le chevalier de Cahusac, le père Ménétrier, Vestris, etc., etc.

PARIS

CH. PLOCHE, LIBRAIRE-ÉDITEUR,

5, place de la Bourse.

1852

LE LIVRE
DE LA DANSE.

Du moment qu'il respire, l'homme a des sensations ; les sons de la voix, le jeu de la physionomie et les mouvements du corps lui servent à exprimer ces sensations ; aussi la douleur, le plaisir, la colère, la joie lui donnent des intonations, des contractions ou des épanouissements des traits du visage et des gestes en harmonie avec les sentiments qu'ils rendent. Telle est évidemment la source du chant et de la danse.

Ce langage universel entendu par tous les hommes à quelque race qu'ils appartinssent ne fut d'abord qu'une suite de sons inarticulés, puis se développa, se perfectionna, et en vint à peindre d'une façon grossière encore, mais déjà sensible, les différentes situations de l'âme. Les mêmes modifications s'accomplissaient dans la mimique et selon le degré d'impression qu'éprouvait le principe pensant, le corps demeura paisible ou s'agita, la figure se colora ou pâlit, les bras s'ouvrirent ou se fermèrent, levés au ciel, ou retombant le long du corps, les pieds indiquèrent des pas lents ou rapides, tout le corps enfin accompagna par diverses attitudes les différents mouvements de l'âme que rendaient les émissions variées de la voix.

La danse, quoi qu'en aient dit certains auteurs, n'est donc point un divertissement exagéré et bizarre, mais la conséquence naturelle de la puissance de gesticulation accordée à l'homme.

De vieux philosophes l'ont nommée : l'art des gestes ; et, en effet, ce nous semble être sa meilleure et sa plus juste définition. Le geste est inné chez l'individu, mais on peut l'ennoblir par l'étude; la nature fournit les mouvements, l'expérience les réglemente. Quant à ce que fut d'abord la danse, un moment de réflexion nous l'apprend :

L'homme sortait des mains du créateur; la nature s'offrait à lui jeune, belle, luxuriante, avec son dôme étoilé, ses harmonies sublimes, et devant cet imposant tableau, un cri d'admiration dut jaillir de ses lèvres et peindre sa reconnaissance pour le sublime bienfaiteur qui l'avait fait roi de ce magnifique univers. Nous ne croyons donc pas trop nous avancer en disant que la danse sacrée fut la première de toutes, le premier sentiment de l'homme ayant été un sentiment de gratitude pour l'Être-Suprême.

DE LA DANSE SACRÉE.

La danse sacrée était en honneur chez les Égyptiens, les Grecs et les Romains, dans les fêtes qu'ils offraient à leurs divinités. Le peuple juif la pratiquait également lors des solennités établies par la loi et dans les occasions de réjouissances publiques, quand il s'agissait de rendre grâce à Dieu et de publier ses louanges.

Nous voyons dans l'Exode qu'après le passage de la mer rouge, la prophétesse Marie, sœur d'Aaron, prit en main un tambour, et qu'à sa suite vinrent toutes les femmes de la tribu, également armées de tambours;

alors, en dansant, elles chantèrent le cantique d'actions de grâces. Moïse, au même instant, conduisait un chœur d'hommes et lui faisait répéter la même cérémonie. Ces instruments, ces chœurs indiquent une habitude du chant et de la danse bien antérieure au moment de l'exécution.

Quand les jeunes garçons de la tribu de Benjamin eurent été refusés par les vierges de Silo, les vieillards d'Israël tinrent conseil et leur dirent :

« Voici qu'arrive pour Silo l'anniversaire de la fête du Seigneur : allez et cachez-vous dans les vignes, et dès que vous verrez les filles de Silo s'avancer pour conduire les chœurs selon la coutume, ruez-vous sur elles, prenez chacun une épouse dans leurs rangs et ramenez-la sur la terre de Benjamin. »

Ce passage prouve bien qu'aux jours de réjouissances publiques les jeunes filles allaient danser dans les champs.

Lorsque la toute-puissance de Dieu s'était manifestée d'une manière éclatante dans quelque événement propice, les Lévites exécutaient des danses solennelles composées tout exprès par le sacerdoce.

C'est dans une de ces occasions que David se joignit aux ministres des autels et qu'en présence du peuple juif il dansa devant l'arche, depuis la maison d'Obédédon jusqu'à la ville de Bethléem. Dom Calmet, dans ses commentaires sur la Bible, raconte que le cortége comptait sept chœurs de danseurs, accompagnés par les harpes, les tambours, les psaltérions et tous les autres instruments de musique en usage chez les Juifs. On retrouve la trace de cette ancienne institution dans nombre de psaumes, et notamment dans le quarante-neuvième, où on lit :

« Les fils de Sion dansent devant leur roi, louent son nom
« dans leur chœur et s'accompagnent du tambour et du psal-
« térion. »

Comme plusieurs de nos lecteurs, abusés par l'acception qu'a chez nous le mot *chœur*, pourraient conserver quelques doutes, nous leur transcrivons l'opinion de Lorin, l'un des plus savants commentateurs des Saintes Écritures :

« Je pense qu'on doit entendre dans tous les psaumes par les chœurs dont ils font mention une troupe d'hommes dansants au son de divers instruments de musique. Car je ne crois pas qu'on puisse douter de la multitude des danses et des chants en usage chez le peuple Juif. »

En outre, il nous reste des descriptions des temples de Jérusalem, de Garizim et d'Alexandrie ; et nous y voyons qu'une partie de ces édifices était occupée par un théâtre sur lequel les chœurs déployaient la pompe du chant et de la danse à l'époque des solennités.

Les Égyptiens, sans chercher à pénétrer l'esprit du culte juif, se laissèrent charmer par les pratiques extérieures, et voilà comment la danse s'introduisit dans le royaume des Pharaons. Elle devint un des points fondamentaux de leur religion. La plus ingénieuse est celle qu'ils imaginèrent pour figurer les diverses évolutions des astres. Celle qu'ils instituèrent plus tard à la fête du bœuf Apis devint la plus solennelle.

Nous allons essayer de donner une idée de l'une et de l'autre :

Dans la première, l'autel, placé au milieu du temple, représentait le soleil occupant le centre du ciel ; les prêtres, couverts de leurs plus riches habits, se mettaient en mouvement au son d'une musique noble et harmonieuse et tournaient autour de l'autel, figurant ainsi le cercle des signes célestes sous lequel le soleil accomplit son cours journalier et sa révolution annuelle. Nous suivons dans cette description le système de physique alors en usage chez les Égyptiens.

On exécutait la seconde pour la consécration du bœuf Apis. C'eût été chose difficile que de se procurer ce bœuf, si la fourberie n'était venue en aide à ses prêtres. En effet, les trente-trois qualités requises par les Chinois pour la perfection de la femme ne sont rien en comparaison de ce qu'on exigeait de l'animal dont on voulait faire un dieu.

Il devait être entièrement noir avec une seule marque blanche sur le flanc droit, figurant le croissant de la lune.

En outre, il lui fallait sur le dos la figure d'un aigle et celle d'un escargot sous la langue.

Enfin une génisse devait l'avoir conçu d'un coup de tonnerre.

Une fois découvert, ce bœuf phénoménal était nourri pendant quarante jours dans la ville du Nil; des femmes nues le servaient et l'accompagnaient sur la galère dorée qui le conduisait à Memphis. Là, les prêtres, les grands de l'Etat et le peuple le recevaient en grande pompe et le conduisaient au temple au son de mille instruments. C'est dans ce trajet que les prêtres exécutaient des danses destinées à reproduire l'histoire d'Osiris.

D'abord c'était sa naissance mystérieuse à laquelle l'Égypte avait consacré la fête Pamilie, les amusements de son enfance, et son hymen avec la déesse Isis. Ensuite, entouré de ses guerriers et de ses muses, il allait conquérir les Indes pour enseigner aux peuplades de ces contrées sauvages la vertu qui mène au bonheur. Après, ils le peignaient triomphant de ses frères et couronné par l'Egypte, qui l'adoptait pour père et pour roi.

L'apothéose était réservée pour l'intérieur du temple, et à la fin de la cérémonie, le peuple, par des danses vives et gaies, témoignait du plaisir qu'il avait goûté.

Les livres sacrés de l'Égypte ayant limité la durée de l'existence du bœuf Apis, quand arrivait l'échéance fatale, les prêtres d'Osiris conduisaient l'animal sacré sur les bords du Nil, lui demandaient respectueusement la permission de le noyer, et prenant probablement son silence pour un acquiescement en vertu du proverbe :

Qui ne dit mot consent.

le plongeaient dans les flots jusqu'à ce que mort s'en suivît, après quoi ils l'embaumaient et lui faisaient des obsèques magnifiques. Ce dénoûment de la vie du bœuf-dieu était accompagné de danses funèbres exécutées sur le rivage, dans les rues et dans le temple.

L'Égypte prenait le deuil jusqu'à la découverte d'un nouvel Apis, et alors les réjouissances duraient sept jours.

C'est en souvenir de cette fête que les Israélites imaginèrent dans le désert la danse sacrilége du veau-d'or. Saint Grégoire dit que cette danse parut d'autant plus abominable à Dieu qu'elle était *une imitation des danses impies des idolâtres.*

Orphée, après avoir parcouru l'Égypte, où il s'était fait initier aux mystères d'Isis, revint dans sa patrie, la Grèce, qu'il trouva plongée dans la plus stupide ignorance. Voulant éclairer ses compatriotes, il institua le culte des dieux et enseigna la danse aux Grecs comme le meilleur moyen de se rendre la divinité favorable.

Quand Romulus mourut, Numa, son successeur, vit bien qu'à moins de civiliser ses féroces sujets, Rome ne deviendrait jamais une cité florissante, et c'est dans ce but qu'il jeta chez eux les fondements de la religion. Il avait affaire à des bandits affamés de meurtre et de pillage; il fonda d'abord le culte de Mars, et décida que les prêtres de ce Dieu exécuteraient une danse sacrée dans les marches, les sacrifices, et les fêtes solennelles. Cette danse fut appelée *salienne,* à cause des boucliers qu'entre-choquaient les prêtres en l'exécutant.

Pythagore en parlant de la danse sacrée dit, que son origine est due à l'idée que les hommes se formaient de la Divinité. Voyant en elle l'harmonie du monde, ils ne pouvaient mieux l'honorer que par des danses dont la régularité leur semblait une image du concert et de l'accord de ses perfections.

Les Perses, les Indiens, les Gaulois, les Allemands, les Anglais, les Espagnols, dans leurs différentes théogonies, ont tous employé la danse.

Si maintenant, nous passons de l'ère païenne au christianisme, nous trouverons encore la danse parmi les symboles sacrés destinés à célébrer la grandeur de Dieu.

A l'époque de la persécution, les premiers chrétiens à l'exemple des *thérapeutes*, qui s'appliquaient à la vie contemplative, se retirèrent dans les déserts; seulement, les dimanches et les jours de fête ils se rassemblaient et dansaient pieusement en chantant les prières, les psaumes et les hymnes qui retraçaient la solennité du jour.

Plus tard, quand la religion triomphante put élever des églises, on les construisit sur le modèle des temples juifs, avec un théâtre séparé de l'autel et qu'on appelait : *Chœur*. Les églises de St.-Clément et de St.-Pancrace, à Rome, sont bâties sur ce plan. C'est sur cette estrade que les prêtres de la loi nouvelle, à l'exemple des lévites juifs, dansaient en l'honneur du Dieu des chrétiens.

Chaque mystère, chaque fête avait ses hymnes, son office et ses danses. Prêtres et laïques s'unissaient dans ces cérémonies, et, à ce propos, Scaliger raconte que si les premiers évêques ont été nommés *præsules*, c'est parce qu'ils commençaient la danse dans les grandes solennités. Du reste, les plus zélés fidèles, la veille de ces jours-là, s'assemblaient à la porte des églises et célébraient par leurs chants et par leurs rondes la fête du lendemain.

Aussi, les Pères de l'Église sont-ils partisans de la danse, et partisans enthousiastes.

Saint Grégoire de Naziance dit que le fait de David dansant devant l'arche symbolise la joie et l'agilité avec lesquelles on doit aller à Dieu.

Le même, reprochant à l'empereur Julien sa passion immodérée pour cet exercice, s'exprime en ces termes :

« Si vous vous livrez à la danse, si votre penchant vous entraîne dans ces fêtes que vous paraissez aimer avec fureur, dansez, j'y consens; mais pourquoi renouveler les danses licencieuses de la barbare Hérodias, qui firent verser le sang d'un saint? Que n'imitez-vous plutôt ces danses respectables que le roi David exécuta avec tant de zèle devant l'arche d'alliance? Ces exercices de piété et de paix sont dignes d'un empereur et font la gloire d'un chrétien. »

C'est dans cet esprit que les commentateurs sacrés nous disent que les apôtres et les martyrs sont ces soldats vainqueurs qui, dans le cantique des cantiques, dansent après le combat.

Si le Guide et le Pomeranche ont peint des ballets d'anges, c'est que saint Basile, dans son épître à Grégoire, dit que la danse est leur unique occupation dans le Ciel, et qualifie de bienheureux celui qui pourra les imiter sur la terre.

Les hymnes, la tradition, les cantiques, présentaient aux premiers chrétiens la danse comme une sainte imitation des transports d'allégresse des élus, et l'expression naïve de la félicité à laquelle ils aspiraient.

Tantôt ce sont les victimes d'Hérode, « tendre troupeau d'immolés, » qui dansent en jouant avec leurs palmes et leurs couronnes; tantôt c'est l'époux beau de gloire entouré d'un *chœur* de vierges. Tous les saints qui les ont précédés ne sont que des chœurs différents,

>Chœur glorieux des apôtres,
>Chœur sacré des martyrs,
>Chœur des vierges sacrées.

dont la danse triomphante célèbre au Ciel la gloire et la miséricorde du Très-Haut.

Plus tard, comme les agapes, ces festins de charité où communiaient ensemble les Païens et les Juifs nouvellement convertis au christianisme, avaient été perverties par la débauche, la danse sacrée de l'Église dégénéra en pratiques dangereuses dont s'alarmèrent les papes et les évêques. C'est alors qu'on la vit interdite par différents conciles, par un grand nombre d'assemblées synodales et par des ordonnances royales.

Quelques pays catholiques l'ont conservée cependant après cette prohibition.

Ainsi, il y a deux cents ans, les prêtres et le peuple de Limoges tournaient en rond dans le chœur de St-Léonard, et à la fin de chaque psaume substituaient au *Gloria patri* ce verset : — «San Marceau, pregas per nous, et nous espingaren per bous. » (Saint Marceau, priez pour nous, et nous danserons pour vous.)

Le père Ménétrier, jésuite, dans sa préface du Traité des Ballets, publié en 1682, raconte qu'il a vu dans plusieurs églises, le jour de Pâques, les chanoines et les enfants de chœur se prendre par la main et danser en chantant des hymnes.

Le cardinal Ximénès rétablit dans la cathédrale de Tolède l'usage des messes dites *mozarabes*, pendant lesquelles on danse dans le chœur et dans la nef.

Enfin, en Portugal et en Espagne, on exécute, de nos jours encore, des danses solennelles en l'honneur de plusieurs saints.

Perdant leur glorieux surnom de *sacrées*, ces danses furent nommées *baladoires*, dès que le libertinage s'y fut glissé; les prêtres n'y prenaient plus part, mais les laïques s'y associaient en foule, et comme chaque jour les désordres grandissaient, le pape Zacharie les défendit par un décret, en 744. Nous lisons à ce sujet une défense d'Odon, évêque de Paris, ainsi libellée :

« Les prêtres prohiberont la danse, surtout dans les trois endroits suivants : les églises, les cimetières, et les processions. »

Deux danses échappèrent pourtant à cette proscription et sont arrivées jusqu'à nous, car il est encore des contrées de la France où elles sont en usage : *celle des brandons* et celle *des feux de Saint-Jean*. La première s'exécute à la lueur des torches de paille, le premier dimanche de carême, et la seconde autour des feux qu'on allume dans les rues, la veille de la fête de Saint-Jean.

Mahomet, qui puisa les rêveries de sa religion dans les pratiques hébraïques, les superstitions païennes et les institutions chrétiennes, ne pouvait oublier la danse sacrée : aussi entra-t-elle dans son plan; seulement, au lieu d'y associer les fidèles, il l'attribua exclusivement aux prêtres et ne l'autorisa qu'à l'intérieur des mosquées.

Les Turcs en ont ainsi plusieurs espèces; nous citerons seulement, à cause de la bizarrerie, celle qu'exécutent les Dervis, à la fête de leur fondateur, Ménélaüs.

D'après la tradition, Ménélaüs tourna en dansant pendant quatorze jours, sans prendre un seul instant de repos, au son de la flûte de Zlansé, son compagnon. A la suite de cette pirouette aussi prolongée que merveilleuse, il tomba en extase, et c'est dans ce rêve que l'idée de l'institution des Dervis lui fut inspirée.

Pour honorer leur chef, les religieux de cet ordre ont inventé la danse du *moulinet*, à laquelle ils se livrent avec un zèle et une furie incroyables. Sur la dalle de la mosquée, soutenus par le son de plusieurs flûtes, ils pirouettent avec une force et une vélocité surprenantes, jusqu'à ce qu'ils tombent d'étourdissement et de lassitude.

DE LA DANSE PROFANE.

Admise dans les pratiques du culte, la danse devait appeler l'attention du philosophe et du législateur, qui y virent bientôt un exercice à joindre à l'éducation de la jeunesse, comme étant de nature à développer les forces du corps, à entretenir son agilité, et à en faire ressortir les grâces.

La danse atteignant les proportions d'un art et étant recommandée comme un exercice dont chacun appréciait les effets utiles, le charme qui en résultait pour les exécutants et les spectateurs redoubla la passion qu'on avait pour cet amusement et la poussa jusqu'à la frénésie. Mursius fait le dénombrement des danses nouvelles qui prirent alors naissance, et nous ne pouvons mieux donner l'idée du tableau qu'il trace qu'en le comparant à l'arbre généalogique, si grêle à la racine, qui jette à droite, à gauche, deux ou trois branches, puis à mesure qu'il monte se subdivise en gerbes multiples, s'étend, se propage et couvre de ses rameaux un immense espace.

Chaque fête devint un spectacle animé où tous les citoyens furent acteurs et spectateurs tour à tour. D'abord les prêtres seuls célébraient les Bacchanales ; mais par la suite toute la jeunesse grecque vint au commencement de l'automne se mêler au chœur sacré des *Orgies*, criant à son tour : Évohé ! Évohé ! en l'honneur du divin Lyæus. Couronnée de pampres et de lierre, elle dansait au son des tibicines et des tambours, et marquait par ses attitudes et l'ivresse de ses transports sa reconnaissance pour le conquérant de l'Inde.

Au printemps, la jeunesse de l'Attique, de la Laconie et de l'Arcadie, garçons et filles, pêle-mêle, se tenant main en main, couronnés mi-partie de chêne, mi-partie de roses, le sein paré de fleurs nouvelles et vêtus à la légère, à l'exception des Spartiates qui étaient nus, égaraient sous l'ombre des grands bois leurs rondes pastorales.

A l'époque de la moisson, de nouveaux divertisements célébraient les bienfaits de Cérès, et lorsque l'hiver ramenait au foyer domestique ces peuples pasteurs, le ballet des festins leur fournissait une nouvelle occasion de plaisir.

La Grèce fixait l'origine de toutes ces fêtes au retour de Bacchus, après sa conquête de l'Inde. Quelques auteurs l'attribuaient à Therpsicore, et Cartani, dans son *Traité des Images des Dieux*, dit que Comus en fut l'inventeur.

La fête du premier jour du mois de mai prit naissance à Rome, et de là se répandit dans toute l'Italie.

Au lever de l'aurore, la jeunesse des deux sexes se réunissait, puis, au son d'instruments champêtres, s'éparpillait à travers les campagnes, cueillant des rameaux verts qu'elle rapportait en dansant à la ville. On en ornait les portes des maisons, à la grande satisfaction des parents et amis, qui attendaient la joyeuse phalange sur le seuil et lui offraient des fruits et des rafraîchissements. Tout le jour, les travaux se trouvaient suspendus. Après le festin, les danses et les concerts reprenaient de plus belle et confondaient dans un vaste ensemble le peuple, la magistrature et la noblesse, qui, réunis par un même élan, ne composaient qu'une seule famille ; tous étaient ornés de fraîches ramées ; celui qui n'eût pas arboré cette marque distinctive de la joie commune eût encouru une sorte d'infamie, et les sénateurs, les plus graves personnages de l'Etat, tenaient à honneur de s'en parer les premiers.

Commencée aux lueurs blanchissantes de l'aube et continuée jusqu'aux ombres crépusculaires, cette fête fut avec le temps poussée plus avant dans la nuit, et la gaîté franche, la naïve candeur qui jusque-là y avaient présidé, s'altérèrent au point que Tibère lui-même en rougit—la dissolution devait être bien forte pour alarmer la pudeur de Tibère—et qu'il décréta l'abolition des réjouissances du 1er mai. Mais l'institution s'était propagée au loin, et l'ordonnance impériale demeura sans effet.

Dans nos campagnes, les paysans ont conservé l'habitude de fêter le 1er mai, et dépouillent les aubépins fraîchement fleuris, au profit des fenêtres de leurs promises. Dans le Midi, l'on plante le *mai*, mât guirlandé de feuilles et de fleurs nouvelles, et la jeunesse du pays décrit autour des rondes joyeuses ou d'entraînantes farandoles.

Bien que la société ancienne fût beaucoup plus casanière que la nôtre et vécût pour ainsi dire chez elle, en famille, il était cependant des occasions où la régularité monotone de la vie recevait une atteinte. Ainsi, à l'anniversaire de la naissance d'un père, au mariage d'un fils, à l'arrivée d'un hôte illustre, on sentait le besoin de fêter de telles journées, et les festins, les concerts et les danses venaient tour à tour égayer la famille et secouer sa torpeur accoutumée. D'abord, la famille elle-même trouva dans son sein les acteurs de ces réjouissances; puis le luxe se glissant peu à peu dans les mœurs du pays, on imagina, pour donner du relief à ces fêtes particulières, d'y convier des gens qu'on payait, et qui, à ce titre, étaient tenus de faire plus et mieux que de simples amateurs.

Comme on le voit, nos chanteurs de salons ont une bien ancienne origine. Mais qu'on ne croie pas pour cela que les danses particulières fussent abandonnées; quand l'artiste avait *gagné son cachet*—nous ne jurerions pas que l'expression remonte si haut—les amphitryons et leurs invités dansaient et chantaient pour le seul plaisir de chanter et de danser. Ainsi, Socrate, le grave Socrate, tenait à honneur d'exécuter les pas que lui avait enseignés Aspasie en échange des leçons de philosophie qu'il donnait à Alcibiade; et Caton, le dernier des Romains, prit à plus de soixante ans des leçons de danse, afin de n'être pas ridicule dans un bal auquel il était convié.

Les Athéniens exécutaient *la danse de l'Hymen* après la célébration du mariage. De jeunes couples vêtus d'étoffes fines aux couleurs éclatantes, le front couronné de myrtes, le corsage fleuri de laurier-rose, entraient dans la salle des festins, annoncés par de tendres symphonies. Là, ils peignaient aux convives les joyeux incidents d'une noce à l'aide de pas variés et dont le mouvement s'accélérait toujours. Cette danse de l'hymen est une de celles qu'Homère décrit sur le bouclier d'Achille.

Plus tard, les danses hyménées méritèrent l'épithète de *lascives*, grâce à la licence qui en corrompit les pudiques allures, et ce qui n'était que du dévergondage chez les Grecs, peuple essentiellement élégant et délicat, devint du cynisme, et de la pire espèce, chez les Romains, naturellement plus grossiers. Ces derniers poussèrent si loin l'oubli de la décence dans leurs cérémonies nuptiales, que, comme nous l'avons dit plus haut, Tibère se vit obligé d'interdire ces réjouissances. Il fit plus, il expulsa de Rome toutes les troupes de danseurs et jusqu'aux maîtres de danse. Mais hélas! la corruption était si profondément enracinée que la jeunesse romaine prit la place des baladins expulsés; et les choses en arrivèrent à ce point que sous Domitien, des pères-conscrits ne craignirent pas de déshonorer leurs augustes fonctions en se livrant en public aux danses les plus hasardées. Renvoyés du sénat pour ce fait, ils s'en réjouirent hautement, disant qu'aucune considération, dès-lors, ne s'opposait plus à ce qu'ils satisfissent leur indigne passion.

La danse des funérailles était fort en honneur chez les Anciens, et voici d'après Platon comment l'on enterrait les rois d'Athènes :

Une troupe d'élite vêtue de longues robes blanches ouvrait la marche ; deux rangs de jeunes garçons précédaient le cercueil flanqué de deux files de jeunes vierges. Les uns et les autres, portant des couronnes et des branches de cyprès, dessinaient des pas graves et majestueux sur des symphonies lugubres. Ces symphonies étaient jouées par des musiciens distribués entre les deux premières troupes. Les prêtres des différentes divinités de l'Attique, revêtus des marques distinctives de leur charge, venaient ensuite, marchant d'un pas lent et mesuré et chantant des vers à la louange du mort. Le cortége était formé par une troupe de vieilles femmes couvertes de longs manteaux noirs qui pleuraient, sanglotaient, hurlaient avec les contorsions les plus outrées et les plus ridicules. On les appelait : *pleureuses*, et leur salaire se réglait sur les extravagances plus ou moins fortes qu'on leur avait vu faire.

Nos administrations de pompes funèbres ne font que copier les Athéniens, et Salomon avait bien raison de dire : « Rien de nouveau sous le soleil! »

Les funérailles des particuliers s'accomplissaient sur le même plan, avec plus ou moins de luxe, selon la richesse du mort et l'orgueil du survivant.

Les Romains empruntèrent aux Athéniens l'ordonnance des cérémonies funèbres, en y ajoutant un personnage dont l'idée leur avait été évidemment suggérée par la coutume égyptienne de juger les morts illustres sur les bords du Nil.

Ce personnage s'appelait *l'archi-mime*. Il revêtait les habits du défunt, se couvrait le visage d'un masque qui retraçait tous ses traits, et, contrefaisant la démarche et les manières de celui qu'on inhumait, le faisait en quelque sorte revivre aux yeux des assistants. Un profond enseignement était caché sous cette mascarade. En effet, au bruit des symphonies lugubres qui accompagnaient la marche, il reproduisait par divers pas de danse les principales actions de la vie du défunt. Cette variété d'oraison funèbre obtenait toujours un grand succès. Impassible comme la postérité, l'archi-mime n'avait égard ni aux éminentes positions ni aux puissantes fortunes; autant il glorifiait les bons, autant il écrasait les méchants; et, certes, on ne peut nier que la crainte de ce jugement posthume ne fut souvent de nature à arrêter ceux qui allaient mal faire.

Comme exercice, les Anciens pratiquaient la danse depuis la plus haute antiquité. Selon la mythologie grecque, les dieux, après la défaite des Titans, retracèrent par des pas pleins de noblesse et de fierté leurs combats et leurs victoires. Minerve, en ce moment, inventa *la memphitique*, qui se dansait avec l'épée, le javelot et le bouclier. Les mouvements, les attitudes et les figures de cette danse retraçaient toutes les évolutions militaires; elle exigeait beaucoup de prestesse, d'adresse et de force. Les illustres aventuriers que l'histoire a qualifiés de *héros* empruntèrent aux dieux de l'Olympe la danse armée et en firent leur exercice journalier.

C'était l'amusement de prédilection de Castor et de Pollux. Pyrrhus eut la gloire d'en inventer une d'une espèce particulière à laquelle il donna son nom : la *pyrrhique*. Les guerriers grecs devant Troie en faisaient leur passe-temps favori.

Puisque nous avons parlé de la guerre de Troie, notons en passant un trait qui s'y rapporte et prouve combien les mœurs ont changé depuis cette époque.

Aujourd'hui, un mari prudent, une sage mère ne perdent que d'un œil leur femme ou leur fille au milieu des rapides évolutions d'un bal : eh bien, Agamemnon, s'éloignant de la Grèce pour aller venger l'injure de Ménélas, laissa auprès de sa femme Clytemnestre, en qualité d'écuyer, un danseur célèbre qui devait être tout à la fois le guide de son esprit, l'instituteur de ses mœurs et le directeur en chef de sa conduite.

Très-habile dans son art, ce danseur enseignait à la reine la danse *philosophique*, ainsi nommée parce que tout y était réglé et qu'elle renfermait d'ingénieuses allégories, et la danse *héroïque*, qui retraçait les belles actions des femmes illustres de la Grèce. Athénée, qui raconte cette anecdote, prête à l'artiste un grand talent d'improvisation. Clytemnestre, qui ne connaissait pas l'Antonio de Sedaine, ne chantait point :

<blockquote>La danse n'est pas ce que j'aime.</blockquote>

Au contraire, tout entière à cet exercice, elle échappait aux embûches de l'intrigue, et Egisthe, pour arriver jusqu'à elle, n'eut pas d'autre moyen que de tuer le danseur.

Lycurgue, de retour de ses voyages et voulant donner des lois à Lacédémone, fit de la danse une des parties constitutives de sa législation. Il avait vu en Ethiopie les peuplades marcher au combat au son des timbales et des trompettes, et danser fièrement avant de décocher à l'ennemi les flèches qui rayonnaient autour de leur tête; en Arcadie, il avait vu la jeunesse cultiver sans relâche cet exercice jusqu'à l'âge de trente ans : il composa donc des danses guerrières sur le mode phrygien et ordonna qu'à partir de sept ans les enfants spartiates fussent dressés à ces danses, qui rappelaient la *mem-*

phitique et employaient comme elle l'épée, le javelot et le bouclier.

A coup sûr, cette loi, qui peut aujourd'hui paraître une bizarrerie, ne fut pas sans influence sur les destinées de Sparte et entretint chez elle les idées de gloire et de conquête en éveillant de bonne heure les instincts belliqueux.

A la fête d'Apollon, des chœurs d'harmonie, payés sur le trésor de l'Etat, conduisaient par les places les hommes de Sparte, qui, nus et couronnés de palmes, formaient des pas gracieux que des groupes d'enfants répétaient en essayant de copier leur allure et leurs attitudes. Cette danse se nommait la *gymnopédie*.

A la fête de Saturne, trois groupes, l'un de vieillards, l'autre d'hommes, le dernier d'enfants, représentaient par des figures d'une sérénité expressive le calme et la douceur de l'âge d'or.

Les vieillards chantaient :

>Nous avons été jadis
>Jeunes, vaillants et hardis.

Les hommes continuaient :

>Nous le sommes maintenant,
>A l'épreuve à tout venant.

Après quoi les enfants finissaient :

>Et nous un jour le serons
>Qui bien vous surpasserons.

On connaissait encore la danse d'*Hormus*, où garçons et filles se mêlaient, ceux-là triplant les pas que celles-ci faisaient simples dans le même temps. Si nous ne nous abusons, ce doit être là l'origine de la valse à trois temps.

Les danses de la fête de Diane avaient pris une voluptueuse allure, sujette à mille accidents : l'enlèvement d'Hélène en fut un, Pâris l'ayant vue à cette cérémonie conduisant la théorie des femmes. Lycurgue les réforma au point que Plutarque en écrivit ceci :

« Les danses de la fête de Diane à Sparte avaient je ne sais quel aiguillon qui enflammait le courage et excitait dans l'âme des spectateurs un propos délibéré et une ardente volonté de faire quelque belle chose. »

Dans l'Arcadie, les peuples s'exerçaient à la danse sur les modes de Philoxène et de Timothée, et tous les ans, pendant les Bacchanales, exécutaient sur des théâtres publics des ballets composés à la louange du dieu.

DE LA DANSE THÉATRALE.

Le théâtre grec était à peine formé que la danse devenait son auxiliaire ; elle servait d'intermède et occupait le temps que nous nommons entre'actes. D'abord s'inspirant des prêtres égyptiens, elle reproduisit le cours des astres, puis elle aborda les actions nationales : la première qu'elle porta sur la scène fut le passage de Thésée dans le labyrinthe de Crète et son combat avec le Minotaure. Cette danse avait été composée par le héros lui-même, qui l'avait, après sa victoire, exécutée avec la jeunesse de Délos. On la nommait *la grue*, parce que les danseurs, en assemblant leurs figures, se suivaient à la file, comme les grues, lorsqu'elles volent en troupe.

Protée, que la Fable a immortalisé, était un danseur qui par la rapidité de ses pas et la magie de son expression semblait à chaque instant changer de forme. L'histoire a encore conservé le nom d'Empuse qu'on avait surnommée *le fantôme*, tant elle paraissait et disparaissait facilement.

Quand Auguste fit fleurir les arts à Rome, Pylade de Cilicie et Batylle d'Alexandrie, vinrent dans la capitale du monde et ouvrirent en commun un théâtre où leurs ballets attirèrent bientôt la foule ; Pylade excellait dans le pathétique, Batylle s'était réservé la partie comique. Bien qu'on ne parlât point chez eux, leurs tragédies et leurs comédies obtinrent le plus grand succès, tant leur mimique comportait de puissance et de vérité.

Désunis par des questions d'intérêt, Batylle et Pylade se séparèrent et eurent chacun leur théâtre particulier. L'art n'eut point à s'en plaindre et les élèves qu'ils formèrent jouirent longtemps de la vogue que ces maîtres s'étaient acquise. Sous Néron, le cynique Démétrius, assistant à l'une de ces représentations, laissa échapper plusieurs marques d'approbation ; mais regrettant de n'avoir su maîtriser ses impressions, il les attribua à l'influence de la musique. Démétrius était à ce moment *le lion* de Rome ; son opinion se propagea, se commenta de ci de là, tant et si bien qu'un vide fâcheux se creusait chaque jour davantage dans la caisse du théâtre, lorsque les artistes recoururent à l'expédient suivant :

Ils annoncèrent une représentation extraordinaire, ayant soin d'y inviter le farouche critique et de le placer bien en évidence au centre de la salle. On donnait la première représentation des *Filets de Vulcain*. Après l'ouverture, la musique se tut et la pantomime se joua sans aucun secours étranger ; les divers personnages, les épisodes variés du sujet étaient d'une telle éloquence que Démétrius, dans un élan d'admiration, s'écria :

« Non, ce n'est point une représentation, c'est la chose même. »

Le critique de la veille devint dès lors le claqueur du lendemain.

Vers le même temps, un danseur représentait *les Travaux d'Hercule*. Son geste expressif, ses majestueuses attitudes suffirent à un roi de Pont, qui ne connaissait nullement ce genre de spectacle, pour comprendre les diverses péripéties de l'action, et, dans son enthousiasme, il demanda comme une grâce à Néron de lui laisser emmener ce danseur dans ses Etats.

« Ne soyez pas étonné de ma prière, lui dit-il ; j'ai
« pour voisins des barbares dont personne n'entend la
« langue et qui n'ont jamais pu apprendre la mienne.
« Les gestes de cet homme leur feront entendre mes
« volontés. »

Juvénal parle de l'enthousiasme qu'excitait, sous Domitien, Tymèle, danseuse non moins célèbre à Rome, qu'Empuse en Grèce.

Du reste, si nous nous en rapportons à Lucien, la danse méritait au moins une bonne partie de tous ces honneurs, car c'était alors un art véritable. Ecoutons-le parler :

« Un compositeur de ballets doit réunir plusieurs
« connaissances glorieuses à l'art, mais qui le rendent
« très-difficile. La poésie doit orner ses compositions,
« la musique les animer, la géométrie les régler, la phi-
« losophie en être le guide. La rhétorique lui enseigne
« à connaître, à réprimer, à émouvoir les passions ; la
« peinture à dessiner les attitudes, la sculpture à for-
« mer ses figures. Il faut qu'il égale Apelles et qu'il ne
« soit point inférieur à Phidias. Il a besoin de se faire
« de bonne heure une excellente mémoire. Tous les
« temps doivent toujours être présents à son esprit,
« mais il doit surtout étudier les différentes opérations
« de l'âme, pour pouvoir les peindre par les mouve-
« ments du corps. Il ne saurait avoir une conception
« trop facile. Un esprit vif, l'oreille fine, le jugement
« droit, l'imagination féconde, un goût sûr qui lui fasse
« pressentir partout ce qui lui est convenable, sont des
« qualités rares dont il ne peut se passer et avec les-
« quelles l'histoire ancienne ou plutôt la Fable lui four-
« nira une matière suffisante pour les plus magnifiques
« compositions. Il faut donc qu'il s'instruise de tout ce
« qui s'est fait de considérable depuis le développe-
« ment du chaos et la naissance du monde jusqu'à nos
« jours. »

Comme on le voit, les compositeurs d'alors étaient poëtes, musiciens et acteurs. De nos jours, le poëte n'est guère musicien, le musicien n'est jamais poëte, et trop souvent les acteurs ne sont ni l'un ni l'autre.

Le genre importé à Rome par Pylade et Batylle, en remplacement des grotesques exercices des bouffons toscans, qui jusque-là avaient rempli les intermèdes des comédies et des tragédies, prit le nom de *danse italique*, et l'on appela *pantomimes, tout-acteurs,* ceux qui l'exerçaient. Cassiodore s'extasie sur cette danse qui parle bouche close et fait comprendre par quelques gestes ce qu'on comprendrait à peine en l'entendant raconter ou en le lisant ; nous avions besoin de cette autorité pour croire ce que rapporte Athénée du danseur Memphis. Philosophe pythagoricien, il exprimait par ses attitudes et ses gestes l'excellence de la doctrine de son maître, mieux que n'aurait pu le faire le professeur le plus éloquent. Pilade et Plancus étaient renommés pour la facilité avec laquelle ils arrachaient des sanglots de l'âme des spectateurs. Au dire de Juvénal, Batylle excitait le rire au-delà de toutes limites.

La grande époque de la danse fut le règne d'Auguste. Ce prince, comprenant que les besoins de son peuple se réduisaient à deux choses : du pain et des spectacles, dirigea vers ces derniers son attention. Esope et Roscius venaient de mourir, il accueillit avec faveur Pylade et Batylle, qui lui étaient recommandés par Mécène. D'ailleurs le nouveau genre qu'ils apportaient au théâtre, en stimulant la curiosité blasée du public, devait servir ses vues secrètes. L'événement répondit à ses prévisions, et bientôt Rome fut divisée en deux camps *les Pyladiens* et *les Batylliens,* comme Byzance au temps des *verts* et des *bleus,* et Florence à l'époque des guelfes et des gibelins. Suivant la politique qu'il s'était tracée, Auguste avait décidé par une loi que les danseurs comme les citoyens ne pourraient être condamnés au fouet, châtiment des esclaves, et ne seraient pas soumis à la juridiction des magistrats et des préteurs, mais à la sienne immédiate : aussi se préoccupait-il peu de ces dissensions plus ridicules que dangereuses et affectait-il de garder une neutralité absolue, quand Pylade eut la malheureuse inspiration de parodier en scène un grand seigneur qui l'avait sifflé. Ce seigneur était le chef de la faction batyllienne qui, en face de l'insulte, ne parla de rien moins que de démolir le théâtre de l'impertinent pantomime et de l'écraser sous les décombres; et comme la chose tournait à la sédition, Auguste exila Pylade. Les partisans de ce dernier s'émurent, ils crièrent à la tyrannie ; les batylliens, comprenant qu'un pareil précédent engageait leur avenir, firent cause commune avec eux, on courut aux armes, et en face de la révolte qui grondait aux portes de son palais, l'empereur fit grâce au danseur.

A la mort de Batylle, Pylade réunit un instant tous les suffrages. Mais une certaine fraction du public, qui se lassait probablement de l'applaudir, lui opposa un rival et choisit pour ce rôle justement l'élève de prédilection du grand pantomime. L'histoire a gardé son nom, c'était Hylas. Celui-ci accepta sans rougir la tâche d'ingratitude qu'on lui offrait et entra en lutte ouverte avec son maître. Pour le punir de cette mauvaise action, Auguste lui retira les bénéfices de la loi qu'il avait promulguée à l'honneur des danseurs, et le fit fouetter sur toutes les places de Rome. En outre, il accorda à Pylade le titre de *décurion*, dignité qu'on donnait aux sénateurs, lors de leur départ pour les provinces.

Sous Tibère, les dissensions, à cause des théâtres, devenant de plus en plus fréquentes, ce prince fit fermer ces établissements. Rouverts par Caligula et par Néron, qui ne dédaignèrent pas d'y monter eux-mêmes, ils furent totalement supprimés par Domitien, qui, personnellement outragé par le mime Pâris, le tua de sa propre main et chassa de Rome tous les danseurs. La mort de cet empereur les fit revenir, et, en assez grand nombre, puisque sous Constance, dans une année de disette, on exila trois mille philosophes en conservant autant de *sauteurs*, dont pas un n'avait l'apparence du vrai talent. Mais la danse n'était déjà plus qu'un métier et les beaux jours de Pylade ne devaient plus revenir.

Avant de clore ce rapide aperçu de l'histoire de la danse théâtrale en Grèce et en Italie, nous demandons la permission au lecteur de lui citer deux anecdotes pour bien établir à quelle hauteur s'élevait cet art chez les Anciens.

A Athènes, la danse des *Euménides* fut si terrifiante que l'Aréopage en frémit ; de vieux soldats tremblèrent, la multitude s'enfuit épouvantée. On croyait voir, on voyait en effet les divinités vengeresses venant punir les crimes de la terre.

A Rome, à la représentation des *Fureurs d'Ajax*, les spectateurs, furieux comme le danseur chargé du rôle d'Ajax, se mirent à hurler, déchirèrent leurs toges et en vinrent aux mains dans l'arène.

Lucien et Macrobe attestent ce dernier fait.

DES BALLETS.

La chute de l'empire romain entraîna celle des arts ; la danse fut comprise dans cette ruine générale, et ce n'est qu'à la fin du quinzième siècle qu'on la vit renaître de ses cendres dans cette même Italie où elle avait trouvé son tombeau.

C'est à Tortone, dans une fête offerte par Bergonce de Botta, gentilhomme lombard, à Galéas, duc de Milan, à l'occasion de son mariage avec Isabelle d'Aragon, qu'elle reparut avec une pompe dont nous allons essayer de vous donner une idée.

Dans un splendide salon entouré d'une galerie qu'occupait un nombreux orchestre, se dressait une table nue. A l'entrée du duc et de la duchesse, Jason et les Argonautes, annoncés par une symphonie guerrière, s'avancèrent portant la fameuse toison d'or, dont ils couvrirent la table, après avoir dansé un pas noble qui exprimait leur admiration de voir une si belle princesse et un prince si digne d'elle. Mercure vint après, apportant un veau gras qu'il venait d'enlever à Apollon, berger d'Admète, pour l'offrir aux nouveaux époux. Un quadrille qui l'accompagnait dessinait différentes figures pendant son récit. Diane et ses nymphes succédèrent à Mercure; elles portaient sur un brancard doré un cerf, image d'Actéon, trop heureux d'avoir cessé de vivre puisqu'il était offert à Isabelle. Orphée remplaça ce groupe et chanta sur sa lyre les louanges de la jeune duchesse. Atalante et Thésée entrèrent alors à la tête d'une troupe de chasseresses et poursuivant le sanglier de Calydon qu'on déposa aux pieds du duc, en exécutant une danse triomphale. Par deux portes latérales entrèrent simultanément Iris sur un char traîné par des paons et suivie de nymphes qui portaient des paons rôtis, et Hébé avec une urne pleine d'ambroisie; Vertumne, Pomone et Flore l'accompagnaient, offrant des fleurs, des fruits et du laitage. Au même instant, l'ombre d'Apicius sortit du sol; le voluptueux gourmand venait prêter à ce festin les délicats raffinements inventés par lui.

Ce premier service terminé, on exécuta un grand ballet où figuraient les dieux de la mer et tous les fleuves de la Lombardie, apportant les poissons les plus variés et exécutant des danses de différents caractères.

Après le second service, Orphée revint amenant l'Hymen et les Amours; derrière eux s'avançaient les Grâces, qui présentèrent la Foi Conjugale à la princesse. Sémiramis, Hélène, Médée et Cléopâtre parurent alors et interrompirent les Grâces par le récit de leurs égarements; mais la Foi Conjugale leur imposa silence, et, à son ordre, les Amours s'élancèrent, en décrivant des pas, sur ces reines criminelles, et incendièrent avec leurs torches les voiles de gaze dont elles étaient coiffées. Lucrèce, Pénélope, Judith, Porcie et Sulpicie arrivèrent à leur tour et présentèrent à la princesse les palmes de la Pudeur. La fête se termina par l'entrée de Bacchus, de Silène et des Égypans, qui venaient célébrer un mariage aussi illustre.

Cette représentation donna évidemment naissance au ballet ou à l'opéra. Ce dernier genre se produisit d'abord; le ballet ne vint qu'ensuite : sa division ordinaire était cinq actes. Chaque acte se composait de trois, six, neuf et quelquefois douze *entrées*. On appelait *entrée* un ou plusieurs *quadrilles* de danseurs qui, par leurs pas, leurs gestes, leurs attitudes, représentaient une partie de l'action générale qu'embrassait le ballet. Par *quadrille*, on entendait non-seulement quatre, mais six, huit, et jusqu'à douze danseurs vêtus uniformément et dont les troupes particulières se succédaient suivant les besoins de l'action.

Les ballets furent importés en France par Catherine de Médicis. On les divisa en trois variétés, les *allégoriques*, les *moraux*, les *bouffons*.

L'un des plus beaux ballets allégoriques fut celui qu'on exécuta au mariage de Madame Chrétienne de France avec le duc de Savoie. *Le Gris-de-Lin*, couleur favorite de la princesse en était le sujet.

Au lever de la toile, l'Amour parut et déchira son bandeau, appelant la Lumière et la suppliant d'illuminer l'univers afin que dans la variété des couleurs il pût choisir celle qui lui agréerait le mieux.

Touchée de sa prière, Junon lui adressa Iris, qui, traversant l'espace, y étala les couleurs les plus vives. Frappé de ce brillant spectacle, l'Amour, après en avoir joui, choisit *le gris de lin* comme la couleur la plus douce et la plus parfaite. Il décida qu'à l'avenir elle symboliserait l'amour sans fin, ordonnant aux campagnes d'en parer leurs fleurs, aux mines d'en revêtir leurs pierreries, aux oiseaux d'en colorer leur plumage, et aux hommes de l'adopter pour leurs habits.

En 1634, à la cour de Turin, on représenta pour l'anniversaire de la naissance du cardinal de Savoie un ballet *moral* qui avait pour sujet :

« La Vérité ennemie des Apparences soutenue par le Temps. »

Après une ouverture d'un beau caractère, on exécuta

un grand chœur de chant et de danse, composé des Faux-Bruits et des Soupçons qui précèdent l'Apparence et le Mensonge. Alors le fond du théâtre s'ouvrit et livra passage à l'Apparence, assise sur un nuage que portaient les Vents.

L'Apparence était vêtue d'une robe à reflets changeants ; des fragments de glace étoilaient sa jupe ; elle avait des ailes, une grande queue de paon et se tenait accroupie sur un nid d'où sortirent à un signal donné les Mensonges pernicieux, les Fraudes, les Mensonges agréables, les Flatteries, les Intrigues, les Mensonges bouffons, les Plaisanteries et les jolis Contes.

Après quelques entrées dessinées par ces personnages, le Temps parut, chassa l'Apparence, et d'un coup de sa faux éventra le nuage sur lequel elle était montée ; de ses flancs on vit alors sortir un immense sablier d'où s'échappèrent triomphantes les Heures et la Vérité. Quelques entrées de ces dernières terminèrent le spectacle.

Ce ballet était dû au comte Philippe d'Aglié, qui en composa plusieurs pour la cour de Savoie.

En général, les personnages de ces divertissements étaient remplis par les seigneurs et dames de la cour ; souvent même les souverains y prenaient part. Quand le prince en l'honneur duquel se donnait le ballet offrait des présents aux acteurs, on leur donnait place dans l'action, et *l'entrée* qui y était consacrée s'appelait *sapate*.

Le premier et certainement le meilleur des *ballets bouffons* fut représenté à Venise sous le titre de *Verita raminga* (la Vérité vagabonde, qui n'a ni feu ni lieu).

Après une entrée muette du Temps, qui expose par quelques attitudes le sommaire du sujet, paraissent un médecin et un apothicaire qui se réjouissent de ce que le mal de tous leur est à bien et de ce que la Terre enfouit leurs fautes. Ils sont interrompus par l'arrivée d'une pauvre femme qui, poursuivie et maltraitée par des Avocats, des Procureurs et des Plaideurs, vient réclamer leur assistance ; elle est vieille, couverte de haillons, maigre, estropiée : ils lui demandent son nom, et apprenant qu'elle est la Vérité, s'enfuient sans l'écouter.

A ses cris de détresse, survient un cavalier qui semble d'abord ému de ses larmes ; mais sitôt qu'elle se découvre à lui, il l'abandonne. Au jeune homme succède un vieux Capitan, que la Vérité essaie d'émouvoir. Le vieux Tranche-Montagne tortille sa moustache, caresse son épée et lui fait le récit de ses exploits, afin qu'elle puisse mieux apprécier le bonheur qu'elle a de rencontrer un protecteur tel que lui ; mais la Vérité, qui connait la forfanterie du vieux Capitan, lui rit au nez, et il la quitte à son tour après l'avoir accablée de horions et d'injures.

Pour finir cette première partie du ballet, entre un quadrille de villageois qui tournent autour de la Vérité sans la craindre, sans la fuir et sans lui témoigner le moindre intérêt.

Au début de la seconde partie, on voit un négociant qui se frotte les mains en songeant à l'excellent moyen qu'il vient de trouver pour s'enrichir ; il ne s'agit que de faire banqueroute deux ou trois fois. A l'entrée suivante, un marchand et un traitant cherchent à se défaire en faveur l'un de l'autre d'une *bonne conscience* qui leur pèse et qu'ils estiment un meuble fort incommode et une marchandise d'un fort mauvais débit. La Vérité se présente à eux sans en être reconnue et demande à conclure le marché ; mais, dédaignant ses haillons, ils l'écartent du geste et s'en vont.

Plusieurs quadrilles de jeunes femmes leur succèdent. La Vérité s'approche d'elles, et, sur une symphonie tendre, implore leur pitié à l'aide d'attitudes et de figures pleines de prières et d'une émotion touchante. Les jeunes femmes semblent attendries ; la Vérité, enhardie, se nomme : soudain le caractère de la symphonie change et en même temps la danse ; les quadrilles s'éparpillent, et la pauvre Vérité reste encore dans sa nudité et dans son abandon.

Par bonheur, voici la muse du théâtre; elle a reconnu le Vérité et lui fait fête. A sa voix accourent tous les personnages de la Comédie et de la Tragédie; ils s'empressent autour de la délaissée, la déguisent, lui donnent un autre maintien, un nouveau langage, une gesticulation différente. Sa figure est transformée à son tour, des vêtements brillants remplacent ses haillons, enfin c'est une vérité qui ressemble presque à un mensonge, mais elle est gaie, pétulante, alerte, et les bouffons qui surviennent en foule la choisissent pour souveraine et peignent par de folles entrées le plaisir qu'ils éprouvent.

Les *moralités* diffèrent des ballets moraux comme on va le voir par les citations que nous allons faire; seulement il ne s'agit pas ici de nos vieilles tragédies auxquelles on donne souvent ce nom, mais bien de ballets composés exclusivement de musique et de danses.

Lors du mariage du prince palatin du Rhin avec la princesse d'Angleterre, on représenta une moralité dont nous copions textuellement la description dans un auteur contemporain.

« Un Orphée, jouant de sa lyre, entra sur le théâtre,
« suivi d'un chien, d'un mouton, d'un chameau, d'un
« ours, et de plusieurs animaux sauvages, lesquels
« avaient délaissé leur nature farouche et cruelle, en
« l'oyant jouer de sa lyre. Après, vint Mercure, qui
« pria Orphée de continuer les doux airs de sa musique,
« l'assurant que non-seulement les bêtes farouches mais
« les étoiles du Ciel danseraient au son de sa voix.

« Orphée, pour contenter Mercure, recommença ses
« chansons. Aussitôt on vit que les étoiles du Ciel com-
« mencèrent à se remuer, sauter, danser; ce que Mer-
« cure regardant, et voyant Jupiter dans une nue, il le
« supplia de vouloir transformer aucunes de ces étoiles
« en des chevaliers qui eussent été renommés pour leur
« constante fidélité envers les dames.

« A l'instant, on vit plusieurs chevaliers dans le Ciel,
« tous vêtus d'une couleur de flammes, tenant des lan-
« ces noires, lesquels, ravis aussi de la musique d'Orphée,
« lui en rendirent une infinité de louanges.

« Mercure alors supplia Jupiter de transformer aussi
« les autres étoiles en autant de dames qui avaient aimé
« ces chevaliers. Incontinent, ces étoiles changées en
« autant de dames, furent vues vêtues de la même cou-
« leur que leurs chevaliers.

« Mercure, voyant que Jupiter avait ouï ses prières,
« le supplia de permettre que toutes ces âmes célestes
« de chevaliers avec leurs dames descendissent en terre
« pour danser à ces noces royales.

« Jupiter lui accorda encore cette requête, et les che-
« valiers et leurs dames, descendant des nues sur le théâ-
« tre, au son de plusieurs instruments, dansèrent divers
« ballets; ce qui fut la fin de cette belle moralité. »

A côté de ces ballets qui, à de très-rares exceptions près, ne s'exécutaient pour ainsi dire qu'en famille, dans l'intérieur des palais, on connaissait les ballets *ambulatoires* inventés par les Portugais, sur le modèle des fêtes Tyrrhéniennes, où l'on voyait « un chœur de
« joueurs de cithares et de satyres, portant au front une
« couronne d'or, s'avancer d'un pas égal et mesuré en
« chantant et en dansant. » A cause de leur origine, ces ballets étaient connus sous le nom de *Pompes tyrrhéniques;* en outre, leur qualification *d'ambulatoires* indique suffisamment qu'ils ne s'exécutaient pas dans un seul lieu, et en effet, la mer, les rivages, les rues, les places, leur servaient successivement de théâtre.

L'un de ces ballets fut donné à Lisbonne, à l'occasion de la canonisation du cardinal Charles Borromée, qui, sous le pontificat de Pie IV, avait été *protecteur* du Portugal, c'est-à-dire chargé de ses affaires ecclésiastiques auprès du Saint-Siége.

A trois milles du port de Lisbonne, sur le pont d'un vaisseau de guerre pavoisé de voiles et de banderoles aux couleurs éclatantes, et dont les mâts étaient peints de la base au faîte, s'élevait soutenu par des cordages de soie un superbe baldaquin de brocart d'or, abritant la statue du cardinal-protecteur. Cette statue, revêtue des habits et des ornements ecclésiastiques, avait pour plus de deux millions de pierreries dans son costume. On supposait que Charles Borromée venait une seconde fois prendre protection du royaume, et pour lui faire honneur, tous les vaisseaux du port, magnifiquement gréés et appareillés, vinrent à sa rencontre, le saluant selon les usages maritimes, et lui formant une escorte jusqu'à la rade, où l'on entra au bruit des salves d'artillerie et des acclamations du peuple. Sur le rivage, les châsses de saint Vincent et de saint Antoine de Padoue, les deux patrons du Portugal, attendaient le cardinal-protecteur, portées par les grands de l'Etat, et suivies de tous les corps ecclésiastiques.

Une fois débarquée, la statue fut placée sur un riche brancard et entourée de toutes les images des saints honorés en Portugal, assises sur des pavois dorés, guirlandés de festons, incrustés de pierreries et chargés de banderoles.

Les différents corps religieux, les ecclésiastiques, la noblesse et le peuple formaient le cortége. Quatre chars immenses s'avançaient entre chaque groupe : le premier portait le palais de la renommée, le second la ville de Milan, le troisième le Portugal, le quatrième l'Église. Autour des chars, des troupes de danseurs animés par d'éclatantes symphonies représentaient les actions célèbres de la vie de Charles Borromée, et les acteurs du palais de la renommée, par leurs attitudes, semblaient les traduire à tous les peuples de l'univers, du septentrion au midi, de l'orient à l'occident.

De distance en distance, des arcs de triomphe ouvraient leurs baies immenses au cortége; les murs disparaissaient sous de splendides tapisseries, et la terre était jonchée de fleurs. Sur les places se dressaient des théâtres où des mimes figuraient l'allégresse publique, et à tous les coins des rues, sur des échafauds, des groupes de musiciens exécutaient des symphonies sacrées et profanes.

Un autre, non moins curieux, célébra la béatification d'Ignace de Loyola. Nous transcrivons la description qu'en donne le père Ménétrier dans son *Traité des Ballets.*

« Le 31 janvier 1610, après l'office solennel du ma-
« tin et du soir, sur les quatre heures après midi, deux
« cents arquebusiers se rendirent à la porte de Notre-
« Dame-de-Lorette, où ils trouvèrent une machine de
« bois d'une grandeur énorme qui représentait le che-
« val de Troie.

« Ce cheval commença dès-lors à se mouvoir par de
« secrets ressorts, tandis qu'autour de lui se représen-
« taient en ballets les principaux événements de la
« guerre de Troie. Ce spectacle dura deux bonnes heu-
« res, après quoi on arriva à la place St-Roch, où est la
« maison professe des jésuites.

« Une partie de cette place représentait la ville de
« Troie avec ses tours et ses murailles. Aux approches
« du cheval, une partie des murailles tomba. Les sol-
« dats grecs sortirent de cette machine, et les Troyens
« de leur ville, armés et couverts de feux d'artifice avec
« lesquels ils firent un combat merveilleux. Le cheval
« jetait des feux contre la ville, la ville contre le cheval,
« et l'un des plus beaux spectacles fut la décharge de
« dix-huit arbres, tous chargés des mêmes feux.

« Le lendemain, après le dîner, parurent sur la mer,
« au quartier de Panpuglia, quatre brigantins riche-
« ment parés, peints et dorés, avec quantité de bande-
« roles et de grands chœurs de musique. Quatre am-
« bassadeurs, au nom des *quatre* parties du monde,
« ayant appris la béatification d'Ignace de Loyola, pour
« reconnaître les bienfaits que l'univers avait reçus de
« lui, venaient lui faire hommage et lui offrir des pré-
« sents, avec les respects des provinces et des royaumes
« de chacune des parties du monde.

« Toutes les galères et les vaisseaux du port saluèrent
« ces brigantins. Étant arrivés à la place de la marine,
« les ambassadeurs descendirent et montèrent sur des
« chars superbement ornés ; puis, accompagnés de trois
« cents cavaliers, ils s'avancèrent vers le collége, précé-

« des de trompettes et de timbaliers ; après quoi, les
« peuples des diverses nations, en costume, firent un
« ballet très-agréable, composant quatre quadrilles pour
« les quatre parties du monde.

« Les royaumes et les provinces, représentés par au-
« tant de génies, marchaient avec les nations et les
« peuples devant les chars des ambassadeurs de l'Eu-
« rope, de l'Asie, de l'Afrique et de l'Amérique, dont
« chacun était escorté par soixante-dix cavaliers.

« Le groupe américain se distinguait entre tous, par
« un ballet de jeunes enfants déguisés en singes, en gue-
« nons et en perroquets. Devant le char traîné par un
« dragon, marchaient douze nains montés sur des ha-
« quenées.

« La richesse des habits de plusieurs acteurs de ce bal-
« let était fabuleuse, quelques-uns ayant pour plus de
« deux cent mille écus de pierreries. »

Maintenant nos lecteurs nous sauront gré de leur citer quelques uns des ballets de la cour de France. Nous
commencerons par celui qui eut lieu en 1581, à l'occasion du mariage du duc de Joyeuse avec Marguerite de
Lorraine, belle-sœur du roi. C'était *le ballet comique de
la reine.* Il avait pour sujet le triomphe de Jupiter et de
Minerve sur Circé et ses nymphes. Il fut représenté le
dimanche 15 octobre au Louvre, dans la grande salle
de Bourbon, par la reine, les princes, les princesses, et
les plus grands seigneurs de la cour. Commencé à dix
heures du soir, il ne finit qu'à trois heures après midi.

Balthazar de Beaujoyeux, valet de chambre de Catherine de Médicis, et l'un des meilleurs violons de l'Eu-
rope, en était l'auteur ; il s'était adjoint la Chénaye, au-
mônier du roi, pour la poésie ; Beaulieu, musicien de la
reine, pour la musique ; et Jacques Patru, peintre du
roi, pour les décorations.

Une des piquantes particularités de ce ballet fut la
distribution de médailles d'or, faite par la reine et les
princesses, qui avaient joué les Naïades et les Néréides
aux princes, qui, déguisés en Tritons, avaient dansé avec

elles. Parmi ces médailles, nous citerons celle que madame d'Aumale offrit à M. de Chaussin ; elle représentait une baleine, et dessous on lisait :

— *Cui sat nil ultrà !* (Avoir assez, c'est avoir tout.)

Le jeudi suivant, dans la grande lice du jardin du Louvre, on vit un ballet de chevaux, où les genets andaloux se distinguèrent, s'avançant, tournant, retournant, contournant en cadence, au son des trompettes et clairons.

Les exercices de nos cirques et de nos hippodromes sont de l'histoire ancienne, même en France.

Henri IV était d'un pays où l'on danse en naissant, et les mémoires de Sully nous apprennent que tout le temps qu'il séjourna en Béarn se passa en réjouissances et en fêtes galantes. Le grave ministre avoue même, que Madame, sœur du roi, voulut bien lui apprendre le pas d'un ballet, qui fut exécuté avec beaucoup de magnificence.

La danse était le divertissement favori du Béarnais, et, chose bizarre, son grand-maître de cérémonies dans ces sortes de divertissements, c'était son premier ministre ; c'était Sully, qui avait fait construire à l'Arsenal, sa résidence, une salle spécialement machinée pour l'exécution des ballets. Il paraît même que si, préoccupé de plus graves soucis, Sully ne s'était pas mêlé de l'ordonnance de la fête, le roi trouvait toujours qu'il y manquait quelque chose. De 1609 à 1610, on exécuta à la cour de Henri IV plus de quatre-vingts grands ballets. C'est au milieu d'un de ces divertissements qu'on vint apprendre au monarque la prise d'Amiens par les Espagnols.

— Ventre saint-gris ! s'écria-t-il, ce coup est du ciel ; c'est assez faire le roi de France, il est temps de faire le roi de Navarre ! Et, incontinent, il endossa son armure et partit pour Amiens à la tête de ses troupes rassemblées à la hâte.

Le troisième tableau de Philostrate représente Comus couronné de roses au milieu de groupes de danseurs et d'instrumentistes. C'est, en effet, à ce dieu que l'Antiquité attribuait l'origine des danses dont elle ornait ses festins. Simple intermède du repas d'abord, le bal conquit bientôt une plus grande importance, et prolongea dans la nuit le plaisir de la soirée. Il devint si fort en honneur qu'on loua Socrate d'avoir pris part aux bals de cérémonie d'Athènes, et qu'on blâma Platon pour avoir refusé de danser chez un roi de Syracuse.

DES BALS.

Les modernes empruntèrent aux anciens cette réjouissance et la cultivèrent avec le même amour. Louis XII, à Milan, invita toute la noblesse à un bal solennel, et en fit l'ouverture avec les cardinaux de Saint-Séverin et de Narbonne.

Philippe II, fils de l'empereur Charles-Quint, devant traverser Trente pendant la tenue du concile, en 1562, sur la proposition du cardinal Hercule de Mantoue, qui le présidait, les pères du concile décidèrent qu'un bal de cérémonie serait offert à l'illustre voyageur. Le cardinal Palavicini raconte que Hercule de Mantoue ouvrit le bal, et que Philippe II et tous les pères du concile y dansèrent avec autant de modestie que de dignité. Il fallait bien que ces divertissements eussent la sanction de l'opinion publique, puisque Fra Paolo, si hostile au concile de Trente, ne mentionne même pas cet épisode.

Lorsque, pendant sa régence, Catherine de Médicis conduisit le roi à Bayonne, où sa fille, la reine d'Espagne, vint la rejoindre avec les ducs de Savoie, de Lorraine et plusieurs autres princes étrangers, elle donna le bal deux fois par jour et fêtes sur fêtes. En voici une qui ne manquait ni d'invention, ni de goût.

Dans une île, au milieu d'une futaie, la reine fit élever douze grands berceaux qui ouvraient tous sur un salon de verdure pratiqué au milieu; une table de douze couverts était dressée dans chacun des berceaux. La table royale s'élevait au milieu du salon et jouissait du coup d'œil des autres tables. Des orchestres cachés dans le bois jouaient des symphonies, et les filles d'honneur, déguisées en nymphes, servaient le roi et les princes. D'instants en instants, des troupes de danseurs figurant les diverses provinces de l'Espagne venaient récréer la vue par le tableau de danses nationales. Après le repas, les tables disparurent, et les deux cours prirent part à un grand bal qui dura jusqu'au matin.

Sous Louis XIV, ces réjouissances atteignirent un degré splendide, inouï, mais on peut leur reprocher leur monotonie; en peindre une, c'est les peindre toutes. Bonnet, dans son Histoire de la Danse, raconte ainsi le bal donné pour le mariage du duc de Bourgogne :

« On partagea en trois parties égales la galerie de
« Versailles par deux balustrades dorées de quatre
« pieds de hauteur. La partie du milieu faisait le
« centre du bal. On y avait placé une estrade de
« deux marches, couverte des plus beaux tapis des
« Gobelins, sur laquelle on rangea dans le fond des
« fauteuils de velours cramoisi, garnis de grandes crépines d'or. C'est là que furent placés le roi, le roi et
« la reine d'Angleterre, madame la duchesse de Bourgogne, les princes et les princesses du sang.

« Les trois autres côtés étaient bordés, au premier
« rang, de fauteuils fort riches pour les ambassadeurs,
« les princes et les princesses étrangères, les ducs, les
« duchesses et les grands officiers de la couronne. D'autres rangs de chaises, derrière ces fauteuils, étaient
« remplis par des personnes de considération de la
« cour et de la ville.

« A droite et à gauche du centre du bas étaient des
« amphithéâtres occupés par la foule des spectateurs;
« mais, pour éviter la confusion, on n'entrait que par
« un moulinet, l'un après l'autre.

« Il y avait encore un petit amphithéâtre séparé où
« étaient placés les vingt-quatre violons du roi avec six
« hautbois et six flûtes douces.

« Toute la galerie était illuminée par de grands
« lustres de cristal et quantité de guirlandes garnies de
« grosses bougies. Le roi avait fait prier par billets tout
« ce qu'il y a de personnes les plus distinguées de l'un
« et de l'autre sexe de la cour et de la ville, avec ordre
« de ne paraître qu'en habits des plus propres et des
« plus riches ; de sorte que les moindres habits d'homme
« coûtaient jusqu'à trois et quatre cents pistoles. Les
« uns étaient de velours brodé d'or et d'argent et dou-
« blés d'un brocart qui coûtait jusqu'à cinquante écus
« l'aune ; d'autres étaient vêtus de drap d'or ou d'ar-
« gent. Les dames n'étaient pas moins parées : l'éclat
« de leurs pierreries faisait aux lumières un effet ad-
« mirable.

« Cette magnifique assemblée pouvait être composée
« de sept à huit cents personnes, dont les différentes
« parures formaient un spectacle digne d'admiration.

« M. et madame de Bourgogne ouvrirent le bal par
« une courante, ensuite madame de Bourgogne prit le
« roi d'Angleterre, lui la reine d'Angleterre, elle le roi,
« qui prit madame de Bourgogne ; elle prit monsei-
« gneur, il prit Madame, qui prit M. le duc de Berry.
« Ainsi successivement tous les princes et les princesses
« du sang dansèrent chacun selon leur rang.

« M. le duc de Chartres, aujourd'hui régent, y dansa
« un menuet et une sarabande de si bonne grâce avec
« madame la princesse de Conti, qu'ils s'attirèrent l'ad-
« miration de toute la cour.

« Comme les princes et les princesses du sang étaient
« en grand nombre, cette première cérémonie fut assez
« longue pour que le bal fît une pause, pendant la-
« quelle des suisses, précédés des premiers officiers de
« la bouche, apportèrent six tables ambulatoires super-
« bement servies en ambigus, avec des buffets chargés
« de toutes sortes de rafraîchissements, qui furent pla-
« cés dans le milieu du bal, où chacun eut la liberté
« d'aller manger et boire à discrétion pendant une demi-
« heure.

« Outre ces tables ambulantes, il y avait une grande
« chambre à côté de la galerie qui était garnie sur des
« gradins d'une infinité de bassins remplis de tout ce
« qu'on peut s'imaginer pour composer une superbe
« collation dressée d'une propreté enchantée. Monsieur
« et plusieurs dames et seigneurs de la cour vinrent
« voir ces appareils et s'y rafraîchir pendant la pause
« du bal. Ils prirent seulement quelques grenades, ci-
« trons, oranges et quelques confitures sèches; mais
« sitôt qu'ils furent sortis, tout fut abandonné à la
« discrétion du public, et tout cet appareil fut pillé en
« moins d'un demi-quart d'heure, pour ne pas dire
« dans un moment.

« Il y avait dans une autre chambre deux grands
« buffets garnis, l'un de toutes sortes de vins et l'autre
« de toutes sortes de liqueurs et d'eaux rafraîchissantes.
« Les buffets étaient séparés par des balustrades, et en
« dedans une infinité d'officiers du gobelet avaient le
« soin de donner à qui en voulait tout ce qu'on leur
« demandait pour rafraîchissements pendant tout le
« temps du bal, qui dura toute la nuit. Le roi en sortit
« à onze heures avec le roi d'Angleterre, la reine et les
« princes du sang pour aller souper. Pendant tout le
« temps qu'il y fut, on ne dansa que des danses *graves*
« et *sérieuses*, où la bonne grâce et la noblesse de la
« danse parurent dans tout leur lustre. »

Les bals masqués ressemblent aux bals ordinaires, sauf l'excessive liberté qu'autorise le masque. C'est à l'une de ces fêtes donnée par la duchesse de Berry aux Gobelins, le 29 janvier 1393, que Charles VI faillit être brûlé vif par l'imprudence volontaire du duc d'Orléans.

Les mascarades comprenaient anciennement trois espèces de divertissements :

1° Quatre, huit, douze ou seize personnes convenaient d'un déguisement uniforme et entraient dans le bal, deux à deux ou quatre par quatre. Telle fut la mascarade sauvage de Charles VI dont nous parlons dans le paragraphe précédent; telle fut celle de Henri IV, le premier dimanche de carême, 23 février 1597, quand, déguisé en sorcier avec plusieurs seigneurs et plusieurs dames de la cour, il alla rendre visite à la présidente Saint-André, à Zamet et à d'autres compagnies.

2° Deux ou trois quadrilles arrangés sur des sujets de la Fable ou de l'Histoire dansaient des pas en rapport avec leurs personnages, et chantaient des récitatifs où l'on expliquait la situation. Jodelle, Passerat, Baïf, Ronsard et Benserade se signalèrent dans ce genre.

3° Enfin, en 1675, on imagina des mascarades où un quadrille de chanteurs accompagnait toujours les danseurs.

Ce divertissement fut en grand honneur sous Charles IX, Henri III, Henri IV et Louis XIII. Louis XIV en dansa une, pour la première fois, le 2 janvier 1655, chez le cardinal Mazarin. *Le carnaval* de Benserade, exécuté le 18 janvier 1668, fut la dernière fête où le grand roi prit le masque.

Voilà succinctement l'histoire de la danse. Nos lecteurs comprendront que, dans un aperçu aussi rapide, nous ne soyons pas entré dans le détail des différentes danses successivement en faveur, comme la pavane, le passe-pied, la sarabande, le menuet, etc. Si nous nous arrêtons à Louis XIV, c'est que rien, depuis lui, ne s'est présenté qui soit de nature à grossir notre volume.

De toutes les variétés de la gymnastique, la danse est la plus favorable à l'élégance du port et de la démarche.

L'escrime alourdit le corps, si elle fournit de la vigueur aux bras et aux jambes.

L'équitation affaiblit les cuisses, en donnant de l'amplitude aux reins.

La danse seule communique à la tête, aux bras, aux mains, aux jambes et aux pieds la symétrie, la grâce et la souplesse.

Le capitaine Cook recommandait cet exercice à ses marins, et quand le calme plat les forçait de mettre en panne, il charmait les ennuis de ce *relâche* en faisant danser à ses matelots la *hornpipe*, qui, d'après le récit de ses voyages, a beaucoup de rapport avec la *tarentelle* napolitaine, dont nous parlerons en son lieu.

Se conformant à l'avis d'Hippocrate, qui attribuait à la danse la santé, la vigueur, la vivacité, le bon appétit et le profond sommeil, Tissot conseille aux directeurs d'écoles publiques son usage. Avant lui, Phèdre partageait son sentiment, lui qui disait :

« Vous brisez promptement l'arc que vous tenez continuellement tendu. »
« Mais si vous le lâchez à volonté, il vous sera utile. »
« Ainsi quelquefois on doit donner un délassement à l'esprit,
« Afin qu'il vous revienne meilleur pour les travaux de la pensée. »

DANSES ÉTRANGÈRES.

La *chica*, originaire du Congo, fut transportée aux Antilles par les négriers ; elle y est tellement en honneur qu'on la danse encore aux Indes occidentales lors de la célébration de toutes les fêtes religieuses. La veille de Noël, principalement, dans tous les couvents, les nonnes, séparées du public par les grilles du parloir, expriment, à l'aide de cette danse, leur joie de la naissance du fils de Dieu.

Le *fandango* d'Espagne n'est qu'une variété de la chica, qui rappelle elle-même l'*angrismène*, danse en l'honneur de Vénus, que la tradition a conservée jusque chez les Grecs modernes.

Le *bolero* se danse à deux ; il se compose de cinq parties, savoir : le *pasco* ou promenade, le *travesia* ou croisé, la *diferencia*, mesure dans laquelle on change de pas, la *finale*, et enfin le *bien parado*, attitude de deux danseurs. Les pas du bolero s'exécutent terre à terre ; ils sont glissants, battus ou coupés, mais toujours bien frappés.

Le *zapatadeo* fait beaucoup de bruit avec les pieds ; ses pas rappellent ceux de l'*anglaise* et de la *sabottière*.

LES DANSES MODERNES.

LA CONTREDANSE.

M. de Lamartine a parfaitement défini la danse en disant que c'était la poésie des mouvements et la mélodie des corps, et certes il faut attribuer le discrédit où est tombée l'antique contredanse aux figures prétentieuses qu'elle renfermait, bien plutôt qu'à l'indifférence de la jeunesse en matière d'exercices chorégraphiques.

Aujourd'hui, la contredanse se marche et semble plutôt un repos entre les fatigues de la valse et du galop que toute autre chose.

Elle comprend cinq figures :

1° LE PANTALON. — Une chaîne entière, le balancé à la dame, la chaîne des dames, une promenade et une demi-chaîne : autrefois, après le balancé à la dame on effectuait un tour de main, mais ce mouvement est aujourd'hui totalement supprimé.

2° L'ÉTÉ. — Un avant-deux, un traversé, un chassé-croisé, un traversé, un balancé final.

3ª LA POULE. — Un traversé en donnant la main droite à sa dame et la gauche à la danseuse de vis-à-vis, un balancé à quatre, un avant-deux, un avant-quatre, un balancé à quatre, un traversé et une demi-chaîne anglaise pour finir.

LA TRÉNIS, qui venait alors, a été remplacée par la pastourelle.

4° LA PASTOURELLE. — Un avant deux après lequel on laisse sa dame à son vis-à-vis, un avant-trois, un demi-tour, un second avant-trois, un rond à quatre, une demi-chaîne anglaise : jadis, après l'avant-trois, on faisait le cavalier seul ; mais cet exercice, où nos pères déployaient la grâce de leurs attitudes et la vigueur de leurs jarrets, est tombé en désuétude.

5º LA FINALE. — Un chassé-croisé, un demi-balancé, un chassé-croisé, un demi-balancé, un avant-deux, un traversé, un chassé à droite et à gauche, un traversé, un balancé à la dame, une chaîne des dames, un chassé-huit.

LA VALSE.

Originaire de la Suisse, la valse, pour conserver son empire sur les salons, a été forcée de se plier aux exigences de la mode ; ainsi, aujourd'hui, la valse à trois temps, si fêtée sous l'Empire et la Restauration, semble surannée et cède le pas à sa jeune sœur, la valse à deux temps.

Cependant nous lui consacrerons quelques lignes, toute vieillotte qu'elle paraisse à nos danseurs actuels : eh mon dieu ! les portraits de Rigaud valent bien les toiles de M. Dubufe, tout centenaires qu'ils sont maintenant.

LA VALSE A TROIS TEMPS.

Le cavalier se tient devant sa dame dans une attitude aisée : son bras gauche et celui de la dame s'arrondissent en arc de cercle. Règle générale : le cavalier part du pied gauche et la dame du pied droit.

Premier temps. — Le cavalier passe le pied gauche devant la dame. — Deuxième temps. Le cavalier porte le pied droit derrière le gauche, légèrement croisé, le talon levé et la pointe sur le parquet. — Troisième temps. Le cavalier pivote sur ses deux pieds en montant sur les pointes pour se retrouver le pied droit devant, à la troisième position. — Quatrième temps. Le cavalier passe le pied droit de côté. — Cinquième temps. Le cavalier tourne sur le pied droit et glisse le gauche de côté. — Sixième temps. Le cavalier rapproche le pied droit devant à la troisième position.

La dame part en même temps que le valseur, mais pendant qu'il exécute son premier temps, elle fait le quatrième, le cinquième pendant le second, le sixième pendant le troisième, le premier pendant le quatrième, le second pendant le cinquième et le troisième pendant le sixième

C'est au valseur que revient le soin de la préparation. Sur le premier temps de la mesure, il place le pied droit en avant, laisse passer le deuxième temps et saute sur le pied droit en levant la jambe gauche pour se trouver au troisième temps et emboîter le premier pas de la valse. Cette préparation est pour la dame le signal du départ.

Un tour entier se compose des six premiers pas et doit s'accomplir dans l'intervalle de deux mesures.

Comme recommandation générale, il faut :

1º Que le pied du valseur et de la valseuse n'affectent ni cambrure du cou-de-pied, ni effacement en dehors.

2º Que la moitié seulement du pied porte à terre, afin de conserver l'aplomb nécessaire sans nuire à l'élégance et à la légèreté.

LA VALSE A DEUX TEMPS.

Quel brouhaha ce fut dans le monde, le jour où la valse à deux temps s'élança des bancs de l'école, alerte bergeronnette, sur les tapis de nos salons et, sans souci de l'étiquette, décrivit ses pas fantasques et ses capricieuses évolutions aux yeux ébahis de son aïeule la valse à trois temps. On se figure la duchesse de Bourgogne si mutine, si pétulante, en face de la gravité de Mme de Maintenon, que le grand roi appelait *Votre Sagesse* ou *Votre Raison*.

Les danseurs d'un certain âge, effrayés à la seule pensée de s'abandonner à ce tourbillon, se rangèrent autour de la valse à trois temps, noble et belle douairière dont toutes les allures étaient réglées depuis A jusqu'à Z; mais leur fidélité, pour héroïque qu'elle était, n'en eut pas de meilleurs résultats, car la jeunesse, la folle jeunesse avait passé dans le camp ennemi et contrariait en se mêlant à leurs groupes le dessin régulier que leurs pieds traçaient sur le parquet.

Quelque temps la royauté fut partagée; mais, comme l'a dit Shakspeare d'Ophélie:

Les belles choses sont pour les belles...

Et bientôt le sceptre appartint uniquement à la valse à deux temps, dont nous allons vous crayonner le portrait du moins mal qu'il nous sera possible.

Le rhythme de cette valse est le même que pour celle à trois temps, seulement le mouvement doit en être plus pressé et plus accentué. Le premier pas se fait sur le premier temps, on passe le second et on fait le second pas sur le troisième temps. Quant au pas en lui-même, c'est celui du galop exécuté d'une jambe et de l'autre en tournant. Au lieu de sauter ce pas, on le glisse. La valse à trois temps décrit un cercle, la valse à deux temps se valse carrément et ne se tourne que sur le glissé. Au lieu de se tenir en face de sa dame, le cavalier se tient un peu à sa droite. La valse à l'envers, qui fait partie de la valse à deux temps et s'exécute en s'élançant du côté droit au lieu du gauche, ce qui fait que le danseur entraîne à lui sa danseuse, ne veut être employée qu'avec beaucoup de sobriété, à cause des chocs et des embarras dont elle peut être la cause.

LA POLKA.

La position du cavalier est la même que dans la valse à trois temps: du bras droit il entoure la taille de sa dame et lui tient la main droite du bout des doigts de la main gauche; l'autre main de la dame est appuyée sur l'épaule de son danseur.

La polka se danse sur une mesure à deux quatre. Son pas se divise en trois temps. Au premier, le talon gauche est élevé à la hauteur du mollet droit; un saut sur le pied droit donne l'élan au pied gauche qui forme une glissade en avant à la quatrième position. Au deuxième et troisième temps, deux petits sautés de chaque pied, après quoi l'on relève le talon droit près du mollet gauche et on laisse passer le quatrième temps. Puis l'on recommence de l'autre pied.

Nous ne parlons pas des autres danses purement de fantaisie et qu'un goût sévère proscrit justement.

FIN.

www.ingramcontent.com/pod-product-compliance
Lightning Source LLC
Chambersburg PA
CBHW060938050426
42453CB00009B/1076